Patrick Rabe

Californischer Wein

(ein amerikanischer Hymnus)

Books on Demand

Californischer Wein
Ein amerikanischer Hymnus

Gedichte und Kurzgeschichten
Originalausgabe
Herbst 2020
© by Patrick Rabe, 2020

Herstellung und Verlag: BoD
Books on Demand, Norderstedt

ISBN: 9783752604658

Hotel California

Autobahn in der Wüste, kalter Wind im Haar,
der Geruch von Colitas umwehte mich wie ein Mahr.
Irgendwo in der Ferne sah ich ein schimmerndes Licht,
über mir leuchteten Sterne, macht's jetzt der Motor nicht?

Sie stand dort im Torweg, ich hörte Glockenklang,
und ich dachte, dass dieser Ort Himmel und Hölle sein kann...
Sie entzündete eine Kerze, ging ins Haus mir voran,
ich hörte Stimmen im Korridor, ihren Wechselgesang:

"Willkommen im Hotel California,
so ein schöner Ort, hier willst du nie mehr fort!
Viele Zimmer im Hotel California,
stets und jederzeit stehen sie bereit!"

Ihr Geist war kaufhausgeschädigt, sie fuhr den Mercedes Benz,
um sie rum war'n hübsche Jungs, sie nannten sich ihre Friends
tanzten sie im Gerichtssaal im süßen Sommerschweiß,
um zu erinnern, was niemals war, um zu vergessen, was keiner
weiß?

Ich rief nach dem Kellner und bestellte mir Wein,
er sprach: "Wir hatten diesen Geist nicht hier, seit Nienteen
Sixtynine!"
Und die Stimmen, sie sangen die ganze Nacht,
erinnerten mich, wo ich war, sobald ich aufgewacht.

"Willkommen im Hotel California,
so ein schöner Ort, hier willst du nie mehr fort!
Lass es dir gut geh'n im Hotel California,
der Tag kommt früh genug, beendet den Betrug..."

Spiegel an der Decke, pinker Champagner auf Eis,
und sie sagte: "Wir sind alle Gefangene hier, was jeder von uns
weiß!"
Und in den Meistersälen nahm ein Festmahl seinen Lauf,
sie stachen das Tier mit Messern aus Stahl, doch es stand immer
wieder auf.

Das letzte, was ich erinner: ich rannte schnell nach der Tür,
nur eine Passage nach draußen, weg, weit weg von hier!
"Entspann dich!", sagte der Mann der Nacht, "Du wirst es
schon noch versteh'n.
Du kannst auschecken, wann immer du willst, doch du kannst
niemals geh'n!"

***

Aion of Noia

„Mir ist langweilig!", sagte das kleine Mädchen.
„Du störst mich in wichtigen Überlegungen.", sagte der Vater.
„Bei was denn?", fragte das Mädchen.
„Das verstehst du nicht.", sagte der Vater.
"Du bist klein, und du bist ein Mädchen."

Ihm, dem berühmten Theologen,
der jahrelang in seiner Kirche darum gekämpft hatte,
dass man „Metanoia" nicht mehr mit „Buße",
sondern mit „Neu verstehen" übersetzen müsste,
war aufgefallen,
dass das zweite Wort davon, „Noia"
rückwärts gelesen „Aion", also „Zeitalter" bedeutete.
Am Ende des Zeitalters,
so hieß es in der Bibel,
würde Jesus wiederkommen.

Seine Tochter sah ihn unverwandt aus neugierigen Augen an.
Und er konnte nicht anders.
Versonnen murmelte er:
„Weißt du, was Noia heißt?"

„Ja!", sagte sie,
„Mädchen!"

Der Vater sprang vom Stuhl auf
Wie von der Tarantel gestochen.

„Du ungehöriges kleines Ding!
Das heißt ‚Verstand'!"

„Versteh ich nicht!",
rief das Mädchen.

Wütend schlug der Vater
ihr mit der flachen Hand
ins Gesicht.

„Geh in dein Zimmer, du ungehörige Göre!"

Weinend lief das Mädchen raus.

Seine Ehefrau,
die mit dem Essen beschäftigt war,
stellte das Radio an.

„Weiterhin Unruhen zwischen der Black Lives Matter-
Bewegung, Polizei und Regierungstruppen.",
sagte der Sprecher.
„Der Corona-Virus breitet sich rasend schnell aus.
Das Institut für die Erforschung psychischer Krankheiten in
Washington
meldet einen drastischen Anstieg
von paranoider Schizophrenie
mit politischen und religiösen Inhalten.
Das Wetter: Strahlender Sonnenschein mit goldener Corona."

Plötzlich klopfte es an der Tür.
Der Vater ging hin.
Draußen standen Soldaten.

„Sie haben doch einen wehrpflichtigen Sohn
von 21 Jahren
namens William John?
Wir müssen ihn zum Dienst im eigenen Land einziehen!"

„Sie liegen daneben.", sagte der Vater,

„Ich habe eine 12-Jährige Tochter
namens Billie Jean."

„Das ist doch dasselbe.", sagte der Soldat
und schob sich eine Paranuss in den Mund.

„Wie bitte?"

Dem Vater blieb der Mund offen stehen.

„Alles eine Frage des Standpunktes!",
sagte der Soldat.
„Wir müssen ihre Tochter jetzt einziehen."

„Haben sie dafür überhaupt einen dokumentierten Befehl,
den sie mir zeigen können?",

fragte der Vater.

„Brauchen wir nicht mehr.", sagte der Soldat,
„Das wurde wegen der nationalen Lage
und wegen Gefahr in Verzug
abgeschafft."

„Wir brauchen nur eine Unterschrift von ihnen,
falls ihre Tochter noch nicht volljähig ist."

„Sie spinnen wohl!
Die kriegen sie nicht!"
schrie der Vater.

„Verweigerung, oder?",
fragte der eine Soldat seinen Kameraden nuschelnd,
und schob die Paranuss in die andere Backe.

„Jep!", sagte dieser nüchtern,

zog das Gewehr
und schoss dem Vater in den Bauch.
Mit einem erstickten Schrei
fiel er auf die Dielen
des Eingangsbereiches seines Hauses.

Die beiden Soldaten sahen einander mit glasigen Augen an.
„Nichts weiter zu tun, oder?", fragte der eine.
„Nö.", sagte der andere.
„Die Order gibt nix anderes her."

Die beiden grinsten sich an,
und gingen.

Drinnen stellte die Mutter das Essen auf den Tisch.
„Lecker, Mami!", rief die Tochter.
Voller Vorfreude setzten sich die Beiden
und füllten das Essen auf die Teller.

Im Hausflur stöhnte der Vater.

Die Mutter zuckte mit den Achseln,
und begann, zu essen.

Zum ersten Mal seit unzähligen Jahren
hatten Mutter und Tochter
vorher nicht gebetet.

***

Worterklärungen:

Noia, altgriechisch: Verstehen, Verstand.

Noia, katalanisch: Mädchen, Langeweile, langweilige Person, Störung.

Metanoia, altgriechisch (biblisch): Umdenken, weiter denken, neu verstehen, von einer höheren Warte aus verstehen. Luther und alle folgenden deutschen Bibelübersetzer übersetzten dieses Wort mit „Buße".

Paranoia/Paranus: Neben dem Verstand. In der Psychologie und Psychiatrie ein Begriff für eine Erkrankung bzw. psychische Störung, in der der Patient wahnhaft alles auf sich bezieht und überall Verschwörungen politischer oder spiritueller Art wittert.

Aion: Zeitalter, biblisch auch „Weltzeit" oder generell „Zeit". Damit ist der Ablauf der Zeit von Jesu Himmelfahrt bis zu seiner Wiederkunft gemeint. Luther übersetzte „Aion" einfach mit „Welt". Daher kommen auch die ganzen Vorstellungen von einem „Weltuntergang" im Zusammenhang mit „Armageddon" und der Offenbarung (Apokalypse) des Johannes. Die Griechen und andere Völker und Religionen verstanden unter „Aion" einfach nur ein Zeitalter im Sinne einer geschichtlichen Epoche, nach dessen Ablauf ein neues kommt.

***

Als die Alligatoren die Gullis verließen
…kamen die Ratten aus ihren Löchern

(Amerika, Update 2020)

Hab nie gesagt, ich bin subtil
und sanft wie eine Feder,
ein veritables Krokodil
bin ich und zieh vom Leder.

Und dabei bleibt es dann auch nicht,
sagt ihr es auch der Presse,
ich lösch euch euer Funzellicht,
und schlag euch in die Fresse.

Denn wer mir vor den Karren pisst,
den hau ich von der Straße,
bin kein Poet, kein Mensch, kein Christ,
ich mess mit ander'm Maße.

Das Tier in mir, das war erwacht,
als sie mein Türholz brachen,
da wusste ich: `s heißt „Gute Nacht!",
die sprechen and're Sprachen.

Und nicht in Zungen, engelsgleich,
sondern mit Faust und Knarren,
die Diktatur, das vierte Reich,
ganz ohne Hitlers Schnarren.

Man schütze Staat und Republik,
Demokratie und Recht,
erlaubt sei mir ja die Replik,
würd mir beim Sterben schlecht.

Ich könnt' die Polizei verklagen,
grinst fröhlich-frech der Bulle,
dürft nur nichts gegen Bullen sagen,
und haut mich platt wie Stulle.

Das sind Momente, da vergisst man
glatt das zarte Dichten.
Demokratie braucht Klartext:
Einen Feind muss man vernichten.

Und wer mir meine Tür zerschlägt
und nachts mich überrumpelt,
mich unsanft auf die Fresse legt,
der ist mir nicht verkumpelt.

Schreist du zu laut: „Demokratie",
nimmst ihre Werte ernst,
dann schlachten sie dich ab wie Vieh,
damit du etwas lernst.

Zum Beispiel, dass es sie nicht gibt,
sondern, dass „Oben" siegt,
und dass ein Herrscher es nicht liebt,
wenn er nicht oben liegt.

Am besten lernt man ja als Toter,
wusste schon Britney Spears,
entpuppst du dich als echter Roter,
kein Schläger sich mehr ziert.

Und ungläubig, weil du was glaubst,
so blinzelst du zur Sonne.
Sie stimmt dir zu: kein Licht du raubst,
der Müll kam aus der Tonne.

Man hatte wohl die Eigenliebe
mit Hitler weggeschmissen,
das Kind im Bad, gesunde Triebe…
Ergebnis ist beschissen.

Hab nie gesagt, ich bin subtil
und singe süße Lieder,
ich sah noch nie ein Krokodil,
doch es trägt kein Gefieder.

***

Staubsturm

Es klopft an der Tür. Wer da?
"Gestatten, ich bin der vielköpfige Affenmensch,
der die Monde seiner Mörder wie Fußbälle
im Fischernetz über dem Rücken trägt."

"Danke, angenehm", sagt die Kleine mit den blutroten Lippen,
"Ich bin Sweet Little Sixteen. Treten sie ein."

Und ich trete ein.
Als erstes trete ich die gute Kinderstube von Sweet Little
Sixteen ein.
Nichts bleibt davon übrig.
Die wohlerzogene Kleine wird vollends zur geilen Konkubine,
bereit, die bürgerliche Bravheit dieses Ortes mit brennendem
Blick
im Schlangengift der Königskobra zu ertränken.

Vater, Mutter und zwei kleine Schwestern.
Vater höflich, aber argwöhnisch, Mutter nervös und servil.

Abendbrottisch. Wir beten.
"Sei höflich.", sagt der Vater, "Reich dem Herrn die Butter."
Sweet Little Sixteen reicht mir die Butter
und Herz, Lippen und Muschi
über den Tisch.
Vater spricht von Politik.
"Unser Präsident ist so ein guter, gottesfürchtiger Mensch."
Ich nicke und sage: "Auf eine weitere republikanische
Amtszeit."
Die schwarze Sklavin schenkt uns Quellwasser ein.
Voodoo Child.
Wir gehen ins Bett.

Mein Jagdmesser steht schwanzsteif in äffischer Hand.
Jetzt bin ich ihr Herr und mein Messer ihr Abschiedsgeschenk.
Ich bade meinen Penis in ihrem Blut.

Morgens entlasse ich die schwarze Sklavin
und fliehe auf dem dreckigen Schimmel des Hausvaters.
Hinter mir die Kleine mit den blutroten Lippen.
Sie presst sich schwitzend an mich,
Sweet Little Sexteen,
ihre Brüste sind Munition in meinem Rücken.
Und wir reiten in den Staubsturm,
von der Sonne gegerbt.
The men don't know, but the little girls understand.

Inspiriert von den Dust Bowl Ballads des Amerikas der großen Depression.

***

Frühstück mit Freunden
(light my candles in a daze)

Abstürzen aus dem Schrott Deutschlands
in die überreifen Früchte Californiens,
und merken, dass man allein ist.
Auch die Californier verstehen sich nur noch
mit den Stahlträgern der Redneck-Agenda,
die ihre Plastikwelt aufrecht erhalten.

Aber ich höre den Mythos flüstern
in den Trauben
und unter den Schuttbergen.

Und ich greife die Hand
eines Wesens, das noch daran glaubt,
so wie ich,
und nicht an Schnaps, Korn und Bier,
wie meine Freunde,

die meinen Funk
mit ihren deutschen Käsekuchengehirnen
nur als Bildstörung auf ihren Fernsehern
erkennen können,
wenn das Programm
plötzlich nach Tod
und nach mit Blut übergossenen Krankenwagen riecht,

statt nach Micky-Maus-Amerika-Erklärungen,
Israeldeutungen aus dem
„Das darf man nicht mal im Traum in seinem Unterbewusstsein
als noch nicht geborenen Gedanken
als erahntes Gefühl wahrnehmen"-Maulkorb,
den man als Schmuck im Kopf trägt,

und nach Merkel, die man für alles verantwortlich machen
kann,
deutscher Vergangenheitssülze in Dokumentationen von Guido
Knopp und Heinrich Breloer,
und Großer Kloalition mit Pissoirabfluss
in den asozialen Medien.

Und wir erwecken die Toten
und sie tanzen.
Doch im mir verhassten Heimatflughafen Deutschland
riecht Californien anders.
Alle denken, dass es stinkt,
weil wir hier immer noch
Jacobs Gammelmundgeruch-Kaffee saufen,
denken, er wird progressiver,
wenn wir ihn mit „C" schreiben,
und dass wir Afrika und das Trinkwasser retten,
wenn wir keinen Nescafe trinken.
Doch wir erschufen damit nur
10 kleine Negerlein,
die in einer Zeitschleife gefangen sind
und immer wieder in einem Schlauchboot im Mittelmeer
ertrinken.

Gimme a Leonard Cohen-Afterworld!,
fleht Kurt Cobain.
Und er zündet in dumpfer Morgeneuphorie
eine Kerze an,
im lila Nebel des LSD-Meskalin-Heroin-Gemisches,
das die Hippies übriggelassen haben,
Mutterkorn-Sodbrennensäure,
die Timothy Leary
aus seinem verfaulten Kopf geschwitzt hatte,
um die letzten Deutschen zu vergiften
und sich von Albert Hoffmanns Nazivergangenheit zu befreien.

Dumm nur, dass er damit auch jede Menge Amerikaner
erwischte.
„Das ist nicht Gott!", murmelte Kurt.

„Nein.", sage ich,
„Da hilft auch kein Klebstoff und kein Terpentin,
um den Teufel auszutreiben.
Wir müssen einsehen,
wo Gott zu einem Kind wurde,
und dann müssen wir
die blitzende Würznutte
im Salzeiter heilig heißen
und sie möglichst unverfälscht in den Salpeter gießen."

Rasch brennt ein gelbes,
wahnwitziges Feuer
unter dem irren Gelächter
des Schwefelgeistes.

Doch ich fasse ihm in die Hand
Und sage ihm:
„Wir dürfen nicht immer füreinander eintreten,
wenn wir befürchten, dass es der andere nicht hinbekommt.
So vermasseln wir alles.
Ich bin kein Karmaberater.
Dafür bin ich zu da
und zu wenig dort."
Ich entzünde eine Kerze.
Aufatmen. Refuge.
And not the last.

Auch, wenn der gammelige Wackelchinese,
der mich immer wieder belästigt,
das gerne so hätte.

Er grabscht in seinen Kopf

und holt sich die Würmer heraus,
die seine Chinockenbedürfnisse sind:
zwei vergewaltigte Drachen,
die erhaben geblieben wären,
hätte er China oder den Himmel nie verlassen
und wäre nicht in die Hände
einer irren Nazifamilie gefallen,
die Chinesen adoptieren,
ihnen deutsche Namen geben,
und sie in amerikanische Käsetoastsandwiches
mit deutschem Spießerfrühstückgeschmack verwandeln,
um ihre nackte Colakälte
und ihr trocken wahnwitzig überkanditeltes Sibirien-
Straflagerfrieren
als kalten, katholischen Schüchternheitsschweiß
evangelisch in den Kaffee aller Juden zu kippen,
die sie im Staub der Kakerlakenkacke
in den Gaskammern von Auschwitz noch vermuteten.

Und das Schwarze ergießt sich
als Hiroshima-Sorgen
aus seinem am deutschen Wesen
nicht genesenen
Chinesenkopf

und wird zu Aalschlangen in meinem Brechreizmüsli,
in denen ich seine hinterhältig im Hintergrund bleibende,
schweigende, dürre, deutsche Nazimutter erkennen kann,
die mir den Weihnachtsmann vermiesend
als türkische, eckig geformte, arrogante
Nikolaus-Theologen-Feigenklumpen-im Bauerngewand-Kotze
mit „Es gibt keinen Weihnachtsmann, sondern nur das
Christkind-Geschmack"
in meine Kinderseele hineinvorwurft,
statt Lindt-Weinachtsmänner aus Schokolade
oder wenigstens leckere Rosinen,

damit ich ewig im Pietistenmatsch waten soll,
bis ich den von ihnen erwünschten Heimweg
nach Germanien gefunden habe.

Mein Gebet für heute Morgen lautet:
„Deutschland, verrecke!
Amerika muss düster
Und Israel heilig bleiben."

Ich weiß wohl, dass das auf dem irdischen Plan kaum zu
schaffen ist,
sondern nur im Geiste,
und auch das nicht,
wenn wir uns alle unsere Geister in die Tonne kloppen.

Ich brülle.
Und mit zittrigen Händen sehen die Amerikaner,
wie ihr geliebtes Deutschland,
in dem sie hofften,
noch ein käsegelbes Nazireich
ohne den jüdisch-schwarzhaarigen Hitler
morsch in Rost zusammenfällt
und mit mumpfigen Geräuschen
im Matsch eines norddeutschen Moores versinkt,

wo reine Satansgeister
lachend die bleichen, germanischen Juden
schwedisch aufschlitzen
und auf ihrer eigenen Hochzeit tanzen,
und wahre Ströme und reißende Flüsse von Jauche
durch das Land fließen lassen.

Unter wahnwitzigem Gelächter
kippt Donald Trump
als kleine Zimbeläffchenfigur
von George Harrisons Kamin

und fällt an meinen Cornflakes vorbei,
weil Billie Eilish
ihn schnell noch
mit einem geübten Hip-Hop-Tritt
wegkickt.

Lachend und lallend
gießen wir uns Wein hinter die Binde
und versinken
mit Kurt Cobain
im Matsch.

Gut, dass man Freunde hat.

„Today I found my friends. They're in my head."

(Kurt Cobain, "Lithium")

***

Merica (Süße Californen)

Siehst du nicht, der süße Wein
wird für dich gemostet?
Ich werd weiter bei dir sein,
bis du ihn gekostet.

Blut und Feuer in der Nacht,
schwarze Früchte fallen,
da hast du mich angelacht:
„Liebe gehört allen!"

Und der bleiche Leichenzug
Wackelt durch das Dunkel,
ihre Stimmen sind wie Trug
in unserm Gefunkel:

„Ja, mit Messern ritzen wir
alle Aktivisten,
opfern sie dem großen Tier,
ficken sie zu Christen!"

Wer es sah, America,
ist vor ihm geflohen,
kam erst westwärts wieder klar,
in des Satans Lohen.

Schob sich seine Leiche rein
in die eig'ne Möse,
rief mit zitterndem Gebein:
„Christus, komm, erlöse!"

Doch ich brannte, und ich bleib,
leg ihn dir zu Füßen,
meinen dir geweihten Leib,
und den Most, den Süßen.

Und ich tauche in dich ein,
fahre tief hinab,
immer will ich bei dir sein,
in der Sonne Grab.

Und sie leuchtet, und sie scheint
in geheimen Bornen,
und dort essen wir vereint
süße Californen.

***

(Bllie Eilish gewidmet)

„Animals, evidence
Pearly gates look more like a picket fence

Once you get inside 'em
Got friends but can't invite them

Hills burn in California
My turn to ignore ya
Don't say I didn't warn ya

All the good girls go to hell…"

aus „All the good girls go to hell"

Written by Billie Eilish o' Connell
© 2019 Darkroom/Interscope

***

„Wenn er wiederkommt…"

(Barblin in „Andorra" von Max Frisch)

Kurzgeschichten

Nothing else matters
oder
Zwischen zwei Weihnachtsabenden

Aus den dunklen Vorhängen der Nacht schält sich „Nothing
else matters" und berührt mit seiner Majestät die Sterne. Ganz
vorsichtig wird eine silberhelle Melodie auf den Saiten
hervorgebracht, zart und zerbrechlich, wie Silberfäden, die erst
tastend, dann immer mutiger in der Dunkelheit zu atmen
beginnen und der strahlenden Nacht ihre Geschichte erzählen.
James Hetfield beginnt zu singen. Ganz ungewöhnlich sanft
klingt seine Stimme. Eigentlich wollte er diesen Song gar nicht
mit auf dem „schwarzen Album" haben. Er sei viel zu privat,
und die Fans könnten denken, er sei zur Heulsuse mutiert. „Bist
du wahnsinnig?", sagte Lars Ulrich, „Das ist der beste Song,
den du je geschrieben hast. Der muss mit drauf."

„Ich habe mich noch nie so geöffnet.", singt James, „Das
Leben ist unser, wir leben es auf unsere Weise. All diese Worte
sage ich nicht einfach so. Und sonst interessiert nichts. Glaub
mir, ich suche und ich finde in dich, jeder Tag für uns etwas
völlig Neues, offenen Geistes für eine neue Sichtweise. Und
sonst interessiert nichts."

Als ich nach Jahren, in denen ich keine Kirche von innen
gesehen hatte, wieder bei meiner alten Heimatgemeinde
anlangte, war viel geschehen. Ich hatte eine zehrende Zeit auf
der weiterführenden Schule hinter mich gebracht, auf der ich
meinen Glauben an Gott nahezu verloren hatte. Von schweren
Depressionen und Selbstmordgedanken begleitet, roch ich aber
dennoch das frische, grüne Gras, während ich neben Nina saß
und sie sich Rücken an Rücken an Florian lehnte, dabei jedoch
höhnisch und schelmisch zu mir herüberblinzelte. Gott fiel mit
Gepolter im Emailliegeschirr auf den dreckigen Fliesenboden

der Lehrküche, wo wir Rührteig für Eierkuchen zubereiteten. Wie ein schneidiger Wind sahen die kalten Augen der stylischen Isabell in meine warme Deckenzelthöhle, in die ich mich manchmal zurückzog. „Also, ich hör am liebsten Britpop.", sagte sie mit einer Stimme, die in der Luft nicht resonierte, sondern klirrte. Ich sah sie mit meinen warmen Rehaugen ein bisschen mitleidig, ein bisschen altklug an und sagte: „Ja, ich auch. Aber ich würde das nicht Britpop nennen. Das ist doch nur ein Wort, das die Zeitungen erfunden haben. Man nennt das eigentlich Rock'n Roll."

„U-Huuuh!", sang Damon Albarn, trat mit voller Wucht auf das Effektpedal seiner Gitarre und sprang hoch. Der ganze Raum explodierte, und Albarn und der Rest von Blur flogen von der Druckwelle getragen gegen die Wände und sprangen wie Flummis in dem kleinen, dunklen, mit gemütlichen Möbeln bestückten Raum umher. Das Video von „Song2" wurde auf einem Bildschirm in dem Club übertragen, in dem ich dazu tanzte. Fallen lassen. An einem Wochenende, nach einer furchtbar anstrengenden Schulwoche. Überall waren Mädchen mit blutrot geschminkten Lippen. Wir ließen uns treiben in einem Wust aus schwitzenden Körpern, sahen begehrlich in schimmernde Augen, spürten die Konturen der anderen, die wir so liebten. Manchmal konnten wir es zugeben, und manchmal nicht. Als wir von der Disco durch die Nacht zur U-Bahn gingen, packte mich Nina an der Hose und sagte lachend zu mir: „Du hast ja `nen guten Schwanz, ey." Ihr Freund erbleichte und wackelte mit seinem unter einem Hip-Hop-Cap befindlichen Gummikopf. Ich lachte auch, schlug Nina auf den Arsch und grinste. „Was sagt denn dein Freund dazu, dass du hier so an andere Männer rangehst?"

Fallen. Immer tiefer fallen. Im Biologieunterricht haben wir einen Film gesehen, in dem der Kommentator zu Bildern von einem ans Ufer rauschenden Meer sagte: „Und dann erschufen die Menschen sich die Götter." Alles um mich herum zerfiel zu

Molekülen. Reagenzglasanordnungen tanzten seelenlose Atommodelltänze zu Melodien von Mendel und Oppenheimer. Und die wächsernen Fleischpuppen und Zellanordnungen um mich herum versanken in einem faulig stinkenden, morastigen Zombiesumpf und sahen in ihren modisch bunten Kleidchen und Lacoste-T-Shirts nur um so lächerlicher aus. Das ganze wirkte wie eine Szene aus „Gremlins 1", wo dieser farbige Biologielehrer vor seiner Klasse doziert, während in dem Käfig im Hintergrund der schleimige Mogwaikokon schon einen Gremlin ausbrütet.

Wir waren auf Klassenreise am Weißenhäuser Strand. Ich hätte gerne meine Gitarre mitgenommen, aber sie war zu sperrig für das Reisegepäck. Rio Reiser war gerade gestorben und ich war untröstlich. Quasi gerade erst war ich Ton Steine Scherben-Fan geworden und hörte in meinen grünen Refuges in Vororten von Hamburg, weit von meinem Elternhaus entfernt mit meiner Freundin Micaela die „Keine Macht für Niemand". Dag randalierte auf Heroinentzug in der Nachbarwohnung und schmiss Gegenstände an die Wand. Ralf wechselte die Platte. Er legte „Waiting for the sun" von den Doors auf. Meine Augen versanken in dem pinken Cover, auf dem Jim und seine Mannen durchs hohe Gras dem Sonnenaufgang entgegen gehen. „She lives on Love Street, lingers long on Love Street, she's got a house and garden, I would like to see, what happens." sang Jim Morrison mit dunkler Stimme zu Ray Manzareks Keyboard. Micaela und ich schmiegten uns aneinander. Und ich hatte meinen privaten Sonnenaufgang auf Love Street. Micaela war mit Matthias zusammen, was mich ärgerte, weil ich den Eindruck hatte, viel besser zu ihr zu passen.

Und dann zum Weißenhäuser Strand. Weit weg von Micaela, mit dem Blues wegen Rios Tod im Blut. „Der Traum ist aus" war wie eine Epiphanie für mich gewesen, als ich das Stück zum ersten Mal hörte. Es war im Fernsehen gespielt worden.

Und ich saß da, wie vom Donner gerührt und fasste es nicht, dass so etwas in der deutschen Rockmusik möglich war. Rios Platten waren bald mein Ein und Alles. Und in unseren grünen Vororten erschufen wir die 60er neu, mit Lavalampen, Joints und Janis Joplins rauher, dionysischer Whiskeystimme. Fast 16 Jahre lang war Helmut Kohl an der Macht. Wir waren uns einig. Die Revolution musste kommen. Leider kam stattdessen ein paar Jahre später Gerhard Schröder.

Der Wind an der Ostsee wehte kalt, und Bianca und ich wurden ganz schön durchgeblasen. Irgendwie merkte ich, dass ich dieses rothaarige, sperrige Mädchen mochte, das mit seinen grüngrauen Augen so skeptisch und dennoch voll lustigem Übermut in meine blicken konnte. An diesem Nachmittag stand nichts auf dem Programm. Die Lehrer waren in irgendeiner Kneipe einen saufen gegangen, was wir grinsend konstatierten. Sie hatten wohl gedacht, wir kriegen das nicht mit. Alles frustrierte Alt-68er, die sich nach den betonseligen 80ern schon nicht mehr trauten, uns 90ties-Kids noch mit ihren Träumen und Visionen zu kommen. Auf die Reste von Revolte, Dutschke, New Age, Liebe und Frieden gossen sie ätzende Flüssigkeiten wie Wodka Gorbatschow oder Küstennebel, doch das Gefühl, man hätte es schaffen können, ging nicht weg. Und aus dem Lautsprecher in der Schummerkneipe dröhnten Lieder von Marianne Rosenberg und Jürgen Marcus. Wenn die wüssten. Manchmal ist die aufgehende Sonne nur einen Steinwurf weiter am Strand, und man sieht es nicht.

Wie Papierfetzen wehte der Wind Bianca und mich über den Strand. Ich war das als ostseeerfahrener Mensch gewöhnt, aber Bianca schien sich zu fürchten. Ihre Cord-Tüll-Jacke bauschte sich im Wind und einige Böen ließen sie stolpern und wie eine Papiertüte wegtreiben. Ich nahm sie unter meine Jacke und drückte sie fest an mich. Sie sah mich dankbar und voller Liebe an. Wir suchten Zuflucht im Schutz eines Strandkorbes. „Mir ist oft so, als würde ich mich verlieren.", sagte Bianca, als sie neben mir saß. Sie hatte ihre Hand in meine gelegt. Angenehm lagen unsere warmen, etwas feuchten Handflächen aufeinander und unsere Finger waren miteinander verschränkt. „Bei dir fühl ich mich geborgen.", sagte sie. Ich legte meinen Kopf an ihre Haare und sog den Duft ein. „Ja.", sagte ich, „Es ist manchmal, als hätte man überhaupt keinen Halt. Als würde dieses Leben so über einen drüber gehen wie der Wind hier und man bleibt im Sand als Strandgut zurück." „Küss mich.", sagte Bianca. Und ich wandte ihr meinen Kopf zu und wir sanken tief in einen Kuss, in dem wir alles um uns vergaßen. Mit geschlossenen Augen tauchten wir ein in die wohltuende Nacht unserer Geister und berauschten uns am Geschmack unserer Münder und Zungen.

In der darauffolgenden Nacht kam Bianca zu mir aufs Zimmer und wir ließen uns einfach fallen in einen elektrisch knisternden, sexuellen Rausch, der den muffigen Kurort Weißenhäuser Strand und das modrige Zimmer mit den orangen Vorhängen einfach zum Verschwinden brachte. Wir waren eins mit Rio und der anderen Seite des Paradieses, die unsere Gefängnisse öffnete, unsere Tränen trocknete, unser Schiff sanft auf den Wellen wiegte und die Türen auftat für einen neuen Morgen.

Diesen Morgen verbrachte ich in der kleinen Wohnung von Bianca und ihren Eltern. Beide waren Althippies, kifften jeden Tag und hörten ihre immense Plattensammlung durch. Bianca kiffte auch und saß völlig stoned wie eine verlorene Erdnussschale auf dem Fußboden ihres Zimmers. Wir waren beide nackt, hatten aber Mühe, die Ekstase vom Weißenhäuser Strand zu wiederholen. „Wenn ich was geraucht hab, wird das nichts.", sagte Bianca. „Du kannst mich dann anfassen, wo du willst. Ich merk das eh nicht." Ich war traurig. Wir lagen dann die ganze Nacht eng aneinander in ihrem schmalen Hochbett und hörten, wie ihr Vater, der mittlerweile auch ordentlich

Alkohol getankt hatte, zu seiner verstimmten Akustikgitarre irgendetwas undefinierbares sang.

Morgens standen wir nackt vorm Fenster, zogen die Vorhänge weg, das gleißende, weiße Licht strahlte in unsere Augen, und wir wussten beide, dass Schluss war.

Wehmütig ging ich ohne sie durch den Herbst, der mittlerweile eingesetzt hatte und mir leuchtend bunte Blätter vor die Füße warf, zur S-Bahnhaltestelle Iserbrook und summte das Lied „Wenn der Morgen graut" von Element of Crime. „Kurz vor der ersten Straßenbahn sind alle Häuser finster und stumm, dreh dich noch einmal nach mir um, einmal für dich, einmal für mich. Kurz vor der ersten Straßenbahn sind alle Wege öde und leer, lauf noch ein bisschen neben mir her, einmal für dich, einmal für mich. Wo ist der Gott, der uns liebt, ist der Mensch, der uns traut, ist die Flasche, die uns wärmt, wenn der Morgen graut? Kurz vor der ersten Straßenbahn sind die Gedanken müde und schwer, ein Stern fällt ins Wasser und der Mond hinterher, einmal für dich, einmal für mich."

Ein paar Wochen später erzählte Bianca überall, dass sie jetzt erleuchtet sei. Im Unterricht sagte sie Sachen, dass unser Physiklehrer mit offenem Mund dastand. Und die wächsernen Fleischpuppen und Zellanordnungen um uns herum wurden wieder zu Menschen. Manche for better, manche for worse. Jamila hatte das erste Handy, Isabell wurde endgültig zur eiskalten Mobberin, die mir „Du Schwein" auf die Federtasche schmierte, Nina verließ Florian und kam mit Nico zusammen und Florian eröffnete den ersten deutsch geführten Dönerladen auf St. Pauli. Mein Kumpel Salih aus Bosnien durfte leider nach der angeblichen Beendigung des Balkankrieges nicht mehr in Deutschland bleiben, aber seine Familie bekam eine Green Card nach Amerika. Dort würden sie in Seattle leben. „Grüß mir Eddie Vedder und Chris Cornell.", sagte ich. Alles roch nach Jugendgeist. Nur Kurt Cobain hatte davon nichts mehr.

Er war seit drei Jahren tot und für uns nur noch als der freundliche, sensible, junge Mann greifbar, der zwischen Nelken und Narzissen „Where do you sleep last night" sang. Nur Salih und ich hatten oft in der kleinen Flüchtlingswohnung der Imamovics vor dem Fernseher gehockt und Kurt, Krist und Dave „Heart Shaped Box" abfackeln hören, während in dem dazugehörigen Video ein dürrer Weihnachtsmann freiwillig aufs Kreuz hoch kletterte und sich dort kreuzigen ließ. Bianca wurde in die Psychiatrie eingewiesen. Ich sah sie danach nur noch einmal wieder. Dann war die Schule zuende und wir traten alle an das Licht einer rund am Himmel stehenden Sonne, die uns in den Sommer des Berufslebens führen sollte. Jedoch selbst diese Sonne erkannte schon beim ersten Blinzeln, dass wir eine gebrochene Generation waren, voller Tränen, geweint oder ungeweint, verloren in der zwar flauschig gemütlichen, aber nichtssagenden Tristesse und Leere des sich selbst verdauenden Kapitalismus, der seine immer heißer werdenden Sommer über den dampfenden Asphalt der Hamburger Straßen schickte, die schon nach schmelzendem Teer zu riechen begannen, und die Luft über dem Boden flirren ließen. Fatamorganen stiegen auf und drangen uns in unsere fragenden Hirne. Und dann kam die Hamburger Schule. „Diese Welt ist nicht das Leben, sicher kostet sie dich deins.", sang Jochen Distelmeyer. Und Dirk von Lowtzow ließ seine Freundin zu ihm im gleichnamigen Song sagen „Wir sind hier nicht in Seattle, Dirk, und werden es auch niemals sein." Von vorn herein zerstörte Träume als Grundkonzept einer Musikrichtung, die sich wie ein Phönix aus der mäandernden Teer-und Aschewelt herausschälte, die Romantik rettete und als eben doch nicht verlorene Seelen über dem weißen Wogendunst einer See voller Jonathan-Möwen Flugkunststücke nie gesehener Art vollführte. „Ein Lied mehr, das dich zurückhält und nicht dahin lässt, wo du hinwillst" transzendierten diese Hamburger Lehrer, Schüler und Schulkameraden zu einem „alten Lied, dass in den Tag hinein bei einem sein wollte und nur für einen allein von neuen Möglichkeiten sang." „Wir haben gehalten, in der langweiligsten

Landschaft der Welt. Wir haben uns unterhalten und festgestellt, dass es uns hier gefällt." Let there be Rock.

Als ich nach Jahren, in denen ich keine Kirche von innen gesehen hatte, wieder bei meiner alten Heimatgemeinde anlangte, war viel geschehen. Ein fiebriger Nachthimmel lag über der kleinen Kirche mit dem geduckten, neumodischen Turm und am Himmel zischten blinkende Flugkörper entlang, von denen ich nicht sagen konnte, ob es Flugzeuge, Ufos oder abgestürzte Satelliten waren, die bei der Begegnung mit der Erdatmosphäre Feuer gefangen hatten. „Dein Weg ist bereitet, und so kommst du zur Welt, ein Monster vom Himmel, ein Engel, der fällt.", sprach Jochen Distelmeyer mit ruhiger Stimme auf dem die Platte „Old Nobody" einleitenden Spoken-Word-Stück „Eines Tages". Aus dem Kirchenkeller dröhnte Musik. „Paradise City" von Guns `Roses. Ich betrat die Kirche und ließ mich von der Musik in den dunklen Keller ziehen, in dem ich mir schon als Kind die Turnschuhe an und aus gezogen hatte und geübt hatte, eine Schleife zu binden. Von den Mickymäusen, die sich bei unseren Kreisspielen im evangelischen Kindergarten immer an und auszogen, mal ganz zu schweigen. Aus dem Jugendkeller drangen Rauchschwaden und oranges Licht. Ich ging hinein, und neugierige Augen entzündeten sich an meiner grünen Linksalternativenjacke, meinen langen Haaren und meinem Schriftstellerschal. Ich tauchte ein und unter in den Wellen von auf mich einströmende Zuneigung. Die Luft brannte. Eine neue Zeit hatte begonnen.

In „Gremlins 1" gibt es eine Szene, in der Billy Pelzer mit seiner Freundin Kate Hand in Hand durch das weihnachtliche Kingston Falls geht, und sie ihm gesteht, dass sie Weihnachten nicht mag. Billy ist völlig entsetzt. „Jeder mag doch Weihnachten!"; sagt er zu ihr. Da erzählt ihm Kate die Geschichte, wie ihr Vater verschwand. Kurz vor Weihnachten. Und nie mehr zurück kam. Irgendwann rochen sie und ihre Mutter einen unerträglich modrigen Geruch, der offenbar aus ihrem Kamin kam. Sie dachten, es würde vielleicht eine tote Katze oder ein toter Vogel im Schornstein stecken und riefen die Feuerwehr. Doch die Feuerwehr zog Kates toten Vater aus dem Schornstein. Verkleidet als Weihnachtsmann mit einem ganzen Sack voller Geschenke. Er hatte seiner Familie eine Freude machen wollen und war in dem viel zu engen Kaminzugang stecken geblieben und hatte sich das Genick gebrochen.

Manchmal denke ich, das ist das ganze Geheimnis von diesem türkischen Bischof, der den Armen großzügig Essen austeilte und dafür von der Kirche gerüffelt wurde. Noch heute bringen es Pastoren übers Herz, Kinderseelen zu beschädigen, indem sie im Weihnachtsgottesdienst sagen, es gäbe keinen Weihnachtsmann, Jesus Christus aber schon. Und in Amerika ist es gang und gäbe, mit dem Anagramm „Santa Claus-Satan Claus" ihre Späße zu treiben. Kein Wunder dass er sich dann wie eine Heart Shaped Box fühlt und sich lieber als dürres Gespenst mit Weihnachtsmannmütze selber ans Kreuz schlägt, bevor das noch irgendein Vorstadtpastor übernimmt und Weihnachten ganz abschafft, weil Jesus Christus da ja nicht wirklich geboren wurde.

Ein Licht scheint in der Nacht. Für jeden. Nicht immer in derselben Gestalt und nicht immer auf den ersten Blick für jeden klar erkennbar. Und dieses Licht macht jede Nacht zu einer strahlenden und heiligen Nacht und kann uns etwas schenken, was uns Kraft für ein ganzes Leben gibt. Es sind die Augen eines alten Diakons, der oft von sich glaubte, im Leben viel falsch gemacht zu haben, und dessen ruhelosen Geist ich manchmal noch spüre, die mich jetzt ansehen. Er hieß Claus. Wie dieser türkische Bischof, der erst zum Knecht Rupprecht, dann zum Nikolaus und schließlich zum Weihnachtsmann wurde. Jeder trägt etwas bei zu dem großen Gemälde des Lebens und jede Farbe, mit der wir diese große Leinwand betupfen, ist schön. Oft können wir das im Leben nur nicht sehen.

Ich gehe die Reeperbahn hinunter, nachdem ich seit Jahren zum ersten Mal wieder in einem Club hier feiern war. Am Straßenrand sitzt ein Straßenmusiker, ein alter Mann, vielleicht ein Türke, vielleicht ein Araber, und spielt auf faszinierend makellose Weise „Nothing else matters". Ganz vorsichtig wird eine silberhelle Melodie auf den Saiten hervorgebracht, zart und zerbrechlich, wie Silberfäden, die erst tastend, dann immer mutiger in der Dunkelheit zu atmen beginnen und der strahlenden Nacht ihre Geschichte erzählen. „So nah, egal, wie weit weg. Es könnte nicht noch mehr von Herzen kommen. Für immer vertrauend in das, was wir sind. Und sonst interessiert nichts."

Man sollte nie jemanden unterschätzen. Und nie von jemandem, der sich einmal in Kellern herumgetrieben hat, denken, er sei der Teufel. Der Auferstandene zeigt sich selbst noch im Geringsten unserer Brüder.

An einem Weihnachtsabend, ich denke, ich war so 5 oder 6 Jahre alt, zeigte das dritte Programm eine Sendung, in der ein freundlicher Mann die Weihnachtsgeschichte erzählte und sie gleichzeitig mit selbstgebastelten Origami-Puppen aus Papier nachspielte. Das hat mich tief berührt. Vor allem die Szene, in der Christus geboren wird. Der Mann faltete extra sorgfältig ein Jesuskind und legte es in eine kleine Krippe aus Hölzern. Sie war mit irgendetwas Flauschigem, ich glaube, Flaumfedern, ausgekleidet. Nachdem der Mann sicher war, dass das Jesuskind bequem liegt und sich wohlfühlt, hielt er die kleine Krippe in die Kamera und strahlte stolz und mit ganz lieben Augen die Fernsehzuschauer an. Ich hätte ihn am liebsten in diesem Moment umarmt. Dann zündete mein Vater eine rote Kerze auf dem Tisch an und wir hörten „Oh du Fröhliche", und sangen aus voller Kehle mit.

Auf dem Feld

Mein Vater hatte zuhause, irgendwo in einer dunklen Truhe, eine Pistole. Ich wusste davon, weil er sie manchmal, wenn er dachte, die Mutter und ich würden schon schlafen, hervornahm. Die Truhe stand im Flur vor dem Schlafzimmer meiner Eltern. Mein Vater wühlte in solchen Nächten in den Tiefen der Truhe, bis er die Pistole gefunden hatte. Offenbar packte er sie immer so zwischen die anderen Sachen, dass er sie nicht sofort wiederfand. Wenn er sie hatte, ging er mit ihr nach unten ins untere Stockwerk und setzte sich ins Wohnzimmer. Eines Nachts, es war die Zeit, als ich noch ganz klein war, und noch bei meinen Eltern schlief, schlich ich die Treppe hinunter, um einmal zu sehen, was er da unten machte. Ganz ruhig saß mein Vater dort, zu gedimmtem Licht. Er hatte sich einen Wein eingegossen, den er bedächtig trank. In der einen Hand hielt er das Glas Wein, in der anderen die Pistole. Sanft streichelte er sie, wie einen Freund. Mich bemerkte er gar nicht. Nachdem er das eine Glas Wein ausgetrunken hatte, schenkte er nach. Immer wieder und wieder. Ich wunderte mich. Mein Vater trank sonst eigentlich nie Alkohol. Nach ungefähr fünf Gläsern fing er an, leise zu singen und zu lallen. Er hob die Pistole hoch und machte elegante Schießbewegungen mit ihr, wie ein Cowboy aus den alten Western. Dann stand er auf, und begann durch das Zimmer zu wanken und zu tanzen. „Piff,paff!", rief er, und richtete die Waffe auf den Fernseher. „Piff, Paff!", rief er und richtete die Waffe auf das Fenster, das zum Garten wies. „Piff, Paff!", rief er und richtete die Waffe auf die Blumenvase auf dem Tisch. Dann lachte er schallend und laut: „Na, du Hurenbock? Hast wohl gedacht, ich drücke ab, was? Hahahahahahahaha! Du scheiß Nazi! Verrotte im Grab!!!" Dann schmiss er die Pistole mit einer urplötzlichen, ruckartigen

Handbewegung quer durch den Raum, dass sie krachend unter dem Fernsehschrank landete. Ich zuckte erschreckt zusammen. Doch mein Vater entdeckte mich immer noch nicht. Er wankte zum Sofa und ließ sich, schwer vom Wein, darauf fallen und schlief sehr bald ein. Jedenfalls tönte ein dumpfes Schnarchen aus dem Fleischberg, der dort plump auf der Couch lag.

Immer wieder, allerdings in unregelmäßigen Abständen, wiederholte sich dieses Geschehen. Es war mir unheimlich, da nichts, was mein Vater dann tat, irgendwie zu ihm passte. Andererseits fand ich es aber auch faszinierend, weil ja nie etwas Schlimmes geschah, wenn er diese tollen fünf Minuten hatte. Erst saß er immer da und streichelte die Pistole, dann trank er eine Flasche Wein leer, und dann machte er seine „Schießübungen". Ich schlief damals schon längst in einem eigenen Zimmer. Aber immer, wenn ich merkte, dass „es" wieder geschah, schlich ich meinem Vater nach und beobachtete sein Treiben im Wohnzimmer. Ich fing an, es lustig zu finden.

Irgendwann, ich war so um die zehn Jahre alt, hörte Vater mit seinen Absonderlichkeiten auf. Er machte es einfach nicht mehr. Ich fragte mich oft danach, ob mein Vater eine Art Schlafwandler gewesen war, der all diese Sachen im komplett Unbewussten tat, quasi im Schlaf.

Dann kam ich langsam in die Pubertät und begann, Kräfte in mir zu spüren, mit denen ich irgendwo hin musste. Ich begann, Sport zu machen. Eines Abends, ich war 14 Jahre alt, kam ich vom Sport nach Hause, ging ins Wohnzimmer…und erschrak mich fast zu Tode. Vater saß dort mit einer halb ausgetrunkenen Weinflasche vor sich im Dämmerlicht, die Glühbirne der Tischlampe war fast ganz heruntergedimmt. Reflexartig ging mein erster Blick auf die Hände meines Vaters, weil ich sehen wollte, ob er die Pistole in der Hand hielt. Aber sie war nicht da. Mein Vater hielt die Hände im Schoß gefaltet und sah unendlich traurig aus. Ich setzte mich neben ihn. „Was ist denn los, Vater?", fragte ich. „Ach, Sohn.", sagte er seufzend, „Es war ja klar, dass du irgendwann dahinter kommst, nicht wahr?". Er sah mich mit unendlich liebenden, gütigen Augen an. „Hinter was", fragte ich. „Hinter die Sache mit der Pistole.", sagte mein Vater und sah mich mit seinen dunklen Augen an, in die aber plötzlich eine große Erleichterung trat. „Weißt du, Vater.", ich rückte an ihn heran, und legte meinen Arm um ihn, „Ich habe dich, als ich ein kleines Kind war, mehrmals dabei beobachtet. Bei den Sachen, die du nachts mit dieser Pistole im Wohnzimmer gemacht hast."

Mein Vater sah mich an, und lächelte. „Dann ist es jetzt gut.", sagte er. „Der alte Fluch ist ausgetrieben." „Was für ein Fluch?", fragte ich. Mein Vater ruckelte sich im Sofa zurecht. Ich sah ihm an, dass er gute Laune bekam, und Lust hatte, mir diese ganze Geschichte, die hinter dem Revolver steckte, einmal zu erzählen. „Weißt du.", sagte er, „Ich habe diese Waffe von deinem Opa. Er hat sie mir vererbt, als er starb. Dein Opa war Nazi. Leider. Und er ist diesen Quatsch nie losgeworden. Bis auf sein Sterbebett hat er an Hitler, den Judenhass und den Endsieg der weißen Rasse geglaubt. Wie du ja weißt, ist er nicht besonders alt geworden. Er starb mit knapp vor 60 an einer Lungenentzündung. In seinen letzten Tagen hat er mir diese scheiß Pistole gegeben und mir gesagt, er hätte sie in seiner Zeit bei der SS von Heinrich Himmler persönlich bekommen. Ich müsse mich dieser Waffe als würdig erweisen, und solle sie in Ehren halten. Auf ihr und in ihr ruhe der heilige Geist des Führers. Und er sagte mir auch, dass diese Waffe magische Kräfte habe, die jenen, die sich treu dem Führer und seiner Sache ergeben, aber nichts anhaben könne. Die Pistole könne einen zwingen, den heiligen Eid, den man Hitler geleistet habe, zu erfüllen, auch wenn man es gar nicht will. Aber nur, wenn man sich Hitler nicht ergibt und unterwirft. Denn wenn man das täte, würde man ohnehin im richtigen Moment freiwillig mit der Waffe schießen. Mein Vater wusste ja, dass ich kein Nazi geworden war. Er war darüber immer sehr betrübt. Auf seinem Sterbebett sagte er zuletzt zu mir: „Wehe dir, mein Sohn, dass du Demokrat und auch noch links geworden bist. Die Pistole, die ich dir vermache und die mir das heiligste ist, was ich habe, wird dir zum Fluch werden, und dich zwingen, den Eid, den wir Deutschen Hitler geschworen haben, abzuleisten, ohne dass du es willst. Das macht mich traurig. Denn nur alleine dadurch, dass du kein Nazi geworden bist, entweihst du dieses kostbare Geschenk, das ich dir in der Todesstunde gebe. Die Pistole wird Macht über dich erlangen und dich nachts von Zeit zu Zeit Dinge tun lassen, die du nicht wirklich willst. Es gibt nur eine Chance, wie du diesem Fluch entrinnen kannst. Dein Sohn müsste dich einmal nachts dabei beobachten, wie du mit dieser Waffe spielst und sich nicht erschrecken und nicht eingreifen. Dann wäre alles, was an heiligem deutschen Nationalsozialismus-Geist auf dieser Pistole ruht, für immer ausgetrieben."

Ich sah meinen Vater ungläubig an. „Und sowas hat Opa geglaubt?", entfuhr es mir mit einem plötzlichen Lachen. Mein Vater lachte auch. Dann hielten wir einen Moment inne, sahen uns an, und plötzlich mussten wir beide so laut lachen, dass die Wände wackelten. „Diese Nazis!", prustete mein Vater. „Abergläubische Idioten und Küchen-Esoteriker!" Als wir uns wieder eingekriegt hatten, sah er mich an und sagte: „Weißt du, ich bin mir jetzt sicher, dass ich diese komischen Sachen ohnehin nur gemacht habe, weil dein Opa mir diesen ganzen Quatsch auf dem Sterbebett gesagt hat. Denn der Fluch, an den er geglaubt hat, muss ja schon nach dem ersten Mal, an dem du mich beobachtet hast, aus der Waffe ausgefahren sein." Wir grinsten uns einen ab, und tranken gemeinsam noch die Flasche Wein leer. Dann wurde ich übermütig. „Sind in der Waffe eigentlich wirklich Kugeln?", fragte ich. „Ja.", sagte mein Vater, das ganze Magazin ist voll. Ich sprang auf. „Dann lass uns doch Schießübungen mit der Waffe machen. Wir nehmen ein paar leere Flaschen mit, schießen das ganze Magazin auf die Flaschen ab, und dann nehmen wir die Pistole wieder mit nach Hause oder schmeißen sie weg, je nachdem, wie uns zumute ist. Dann ist dieser Fluch, wenn es ihn überhaupt gegeben hat, wirklich ganz weg." Ich sah zwar, dass mein Vater einen mulmigen Gesichtsausdruck bekam, und kurz huschte so etwas wie ein Schatten über seine Augen, dann aber stand er auf, klopfte sich den Staub von der Hose und sagte: „Jo. Dann lass gehen!"

Wir nahmen die Pistole, zwei Fantaflaschen und die leergetrunkene Weinflasche mit und gingen mit den Sachen auf das freie Feld, das nicht weit von unserem Haus entfernt lag. Der Weizen war bereits abgeerntet, nur noch goldene Stoppeln und Halme standen auf dem Feld, es erstreckte sich weit vor unseren Augen, und über uns war ein sonniger Herbsthimmel gespannt. Mein Vater nahm eine Holzkiste auf, die irgendwo in einer Ackerfurche gelegen hatte und stellte sie als Schießstand auf, die Flaschen platzierte er auf dieser Kiste.
Dann stellten wir uns nebeneinander. Mein Vater nahm die Pistole auf. Plötzlich sah ich, wie ein leichtes Zittern über ihn kam. Seine Augen begannen sich zu verändern. Sie wurden ganz dunkel wie zwei Kohlestücke und ein unergründliches, fiebriges Leuchten trat in sie hinein. Er packte mich bei der Hand. Sein Griff war fest wie ein Schraubstock.

„Ich habe gelogen, mein Sohn."; sagte er mit einer Stimme, die ich von ihm nicht kannte. Sie klang wie das Knattern und Ächzen eines alten Motors. „Ich bin kein Mensch. Ich bin der Satan. Und ich habe nur noch eine Aufgabe zu tun, bis meine Zeit in der Hölle abgegolten ist, und ich von Gott begnadigt werde. Ich muss meinen eigenen Sohn töten. Aber du hast eine faire Chance. Wir schießen jetzt auf diese Flaschen. Diese drei Flaschen sind die letzten drei Drecksjuden, die noch leben. Es sind die drei, die auf dem Hügel Golgatha am Kreuz gehangen haben. Die beiden Fantaflaschen sind die Hurenjuden, die ohnehin Verbrecher waren. Die sind leicht zu treffen. Der linke etwas schwerer, als der rechte, weil Christus dem vergeben hat. Und die Weinflasche in der Mitte ist das unschuldige Judenschwein Jesus. Das ist schwerer zu treffen. Wir schießen nun auf diese Flaschen. Wenn du die Flasche in der Mitte triffst, darfst du mich erschießen. Wenn ich sie treffe, darf ich dich erschießen. Das wichtigste daran ist nur, dass wir letztendlich beide sterben. Denn wir sind Verräter an der weißen Rasse und damit zu Drecksjuden geworden. Wir müssen jetzt zeigen, dass wir Männer sind."

Mein Vater ließ meine Hand los, legte die Pistole hinein und schrie: „Schieß! Schieß auf mich, so lange es noch geht! Wenn du es nicht tust, ist alles zu spät!" Ich sah ihn aus erschreckten, aber festen Augen an. „Du bist irre, Vater. Du gehörst in ein Krankenhaus.", sagte ich so ruhig ich konnte. Dann warf ich die Waffe weg, so weit ich irgend konnte.

Da schrie mein Vater wie ein wildgewordener Stier. „Du Rassenschande! Du Judenschwein! Du Säuger an den vergammelten Zitzen Christi! Jetzt hat dein letztes Stündlein geschlagen!" Mit überquellenden, ausflippenden Augen rannte er auf mich zu und stieß mich zu Boden. Dann packte er mich, zog mich wieder hoch, griff an meine Hose und riss sie mir grob hinunter. „Nimm an den Samen Adolf Hitlers!", schrie er: „Nimm an den Samen Adolf Hitlers!". Dann ließ auch er seine Hose herunter, drückte mich auf den Ackerboden und stieß seinen Penis in meinen After. Tief drang er in mich ein, und drückte mein Gesicht dabei in den erdigen Boden des Feldes. Nach mir unendlich lang vorkommenden Minuten spritzte er sein Sperma in mich ab.

Mein Vater rappelte sich auf. Zitternd am ganzen Körper blieb ich liegen. Ich weinte. Ich spürte, wie Vater, einem Ziehaufmännchen gleich, unkontrolliert auf dem Feld herumlief. Nach einer Weile stellte er sich wieder neben mich.

Sein Hosensaum berührte meinen nackten Po. Ich zitterte am ganzen Körper. „Wir haben uns versündigt.", stammelte mein Vater. „So oder so. Wir haben nicht geschossen und sind damit bei Gott und Satan gleichzeitig in Ungnade gefallen. Ich sollte jetzt auf dich schießen. Dann bliebe wenigsten dir der Rest der ganzen Scheiße erspart. Aber ich glaube, ich kann nicht mal das." Ich wimmerte. „Du hast ab jetzt einen Auftrag.", sagte mein Vater mit dumpfer Stimme. „Du musst diese Pistole aufbewahren, und eines Tages Jesus damit erschießen. Es wird der Tag kommen, da wird er dir gegenüberstehen, und du musst es tun. Damit wird der Himmel endgültig entweiht, und alles, das gesamte Universum, wird in die tiefste Hölle absinken."

Mein Vater ging ein paar Schritte beiseite. Es herrschte eine unerträgliche Stille, die nur vom elektrischen Flirren der neben dem Feld stehenden Hochspannungsmasten und dem Krächzen einiger vorbeifliegender Krähen unterbrochen wurde. Dann hörte ich meinen Vater murmeln: „Gelobt sei Jesus Christus!", und hörte einen Schuss, der laut über das ganze Feld widerhallte. Mit einem dumpfen Geräusch fiel mein Vater zu Boden. Unendlich lange lag ich noch dort. Dann stand ich auf, und zog meine Hose wieder an. Ich wusste nicht, ob ich so ruhig war, weil ich unter Schock stand oder ob in mir etwas gestorben war und ich jetzt so etwas wie ein lebendiger Toter war. Die Leiche meines Vaters lag vor mir auf dem Ackerboden. Nicht weit davon entfernt die verhängnisvolle Pistole. Ich sah voller Grauen auf sie hinunter. Meine Augen blau wie das Azur des Himmels über mir.

Die Flamme

Mittlerweile hatte man die Zarenfamilie im Keller einquartiert. Dort war es dunkel und eng. Hauptmann Pjotr vermutete einen Sturm der Konterrevolutionäre auf das Schloss, um die Romanovs zu befreien. Erzählt hatte er das Zar Nikolaus nicht. Er sprach von umherziehenden Mörderbanden. Jedoch intern spukte Pjotr und seinem engsten Vertrauten bei der bolschewikischen Bewachungsgarde, Andrei, noch etwas anderes durch die Köpfe. Ein Gespenst, das nicht nur in Russland, sondern in ganz Europa umging. Und dieses Gespenst war nicht der Kommunismus. Immer wieder sahen sie sich aus hektisch aufflackernden Augen an, die in der Glut ihrer im Akkord gerauchten Zigaretten zunehmend einen fiebrigen Glanz bekamen. „Er wird zu Nikolaus wollen, wenn er kommt, nicht?", fragte Andrei. „Ja.", sagte Pjotr. Aber am meisten fürchte ich mich vor seinen drei Fragen." Andrei zündete sich noch eine Zigarette an. „Pjotr, du musst aber immer auch einkalkulieren, dass wir verrückt geworden sind. Die Lage im Staat ist so unübersichtlich und verwirrend, da kann uns schlichtweg die Hirnplatte bei irgendeinem Glas Wodka zuviel rausgesprungen sein." Pjotr sah Andrei aus unergründlich tiefen Augen an. Und vor diesem Blick fürchtete er sich. Wenn Pjotr diesen Blick bekam, wusste Andrei, dass er sich seiner Sache wieder sicher war, und jeder Zweifel an seiner merkwürdigen Theorie aus ihm verschwunden war. Und dann sah er irgendwo auf dem Grund der Pupillen dieser Augen ein Feuer tanzen; gelb, schweflig, irr; wie der Blick von jenem Wunderheiler, und diese Flamme tanzte zuckend in der Iris von Pjotrs Augen wie ein Kosake, der eine Mazurka aufs Parkett legt.

Das Fest tobte. Irgendwo oben auf der Brüstung stand Zar Nikolaus und riss eine Flasche besten Tokayer in die Luft, drehte sie köpflings um, hielt sie sich an die Lippen und ließ ihren Inhalt in einem Zug brennend in seine Kehle laufen. Das angenehm süße Getränk rauschte seine Speiseröhre hinab wie ein Waldbrand. Zar Nikolaus lachte. Feuer. Das war die russische Seele. Und der ganze Festsaal im Schloss von St. Petersburg war in das rötliche Licht der Kandelaber getaucht. Rasputin hatte ihn überzeugt. Es war die Zeit Seiner Wiederkunft. Und die Romanovs waren Günstlinge des Heilands. Natürlich. Es konnte nicht anders sein. Er war Nikodemus. Der einzige Pharisäer, der zu Jesus gehalten hatte. Und wer dieser Schlawiner Rasputin war, wusste er natürlich auch. Obwohl dieser erwartungsgemäß nicht damit herausrückte. Aber... warum nicht vorfeiern? Sie, die russische Zarenfamilie, hatten Jesus Christus an ihrem Hof als Heiler, Prediger und Berater. Nicht Kaiser Wilhelm. Nicht Königin Victoria. Sondern er. Zar Nikolaus, der zweite. Nikolay Alexandrowitsch Romanov. Rasputin war der weiße Reiter. Das zweischneidige Schwert, das aus seinem Mund hervorging, war seine Zunge, es stand für seine Art, Dinge manchmal rätselhaft auszudrücken. Und natürlich hatte dieses Schwert ihn auch oft durchbohrt. Aber er, Nikolaus, hatte alle Tests bestanden. Auch die drei letzten Fragen, die Rasputin ihm im Bernsteinzimmer gestellt hatte. Und seitdem wusste er, dass er Gnade bei Gott gefunden hatte. Sein Sohn Alexei war vom Blutsturz geheilt worden und erfreute sich bester Gesundheit. Wie Wasser waren von Nikolaus die quälenden Konflikte seiner Jahre abgeflossen und hatten jenen Stachel, der mit einem Widerhaken in seinem Fleisch saß, herausgespült. Und da hatte er auf dem Parkettboden des Bernsteinzimmers Europa gesehen, das von den dunklen Fluten der Schuld überrollt wurde, wie die Armee des Pharao auf ihren Streitwagen am Schilfmeer. Ja, es war seine Schuld, die wie eine dunkle Suppe über Europa hinfloss, und er sah aus ihr Walfische, Seeschlangen und Leviathane hervorkommen, die alle europäischen Fürsten fraßen. Bis auf ihn. Er sah fragend in Rasputins Augen. „Heißt das, meine Schuld ist mir vergeben?" „Weide meine Lämmer.", sagte Rasputin und sah ihn mit diesem flackernden Blick an. Und dann lachte er es. Dieses scheußliche, irre, sich überschlagende, meckernde Rasputinlachen. Das einzige, wegen dem Nikolaus manchmal dachte, er könne sich dennoch irren, trotz aller Zeichen und Wunder. Rasputin begann dann, wie immer, zu tanzen. Genau wie die gelbe, schweflige Flamme in seinem Blick. Ein fester Schritt nach rechts, ein Stolperer nach links, und dann hüpfte er mit zuckenden Beinen über das Parkett des ehrwürdigen Bernsteinzimmers, dass Nikolaus dachte, er habe noch nie jemanden so tanzen sehen. Rasputin tanzte schneller, als ein Mensch tanzen kann. Und dennoch so präzise Formen, Figuren und Pirouetten, dass man entweder glauben musste, er habe es von dem besten Ballettmeister der Welt gelernt, oder eben… er WAR…der… Und nach solchen Unterredungen brauchte Nikolaus stets eine ganze Flasche klaren Wodka. Aber war er wieder alleine, war er sicher. „Ja, Herr, du weißt doch, dass ich dich liebe…" murmelte er. Und er fiel, schwummerig und betrunken von dem ihm das Hirn verdunkelnden Wodka auf den Boden des Bernsteinzimmers und weinte bitterlich.

Mitten in der Menge dieses schwitzenden Festes stand die kleine Anastasia. Rasputin hatte sich unsterblich in sie verliebt, obwohl sie noch fast ein Kind war. Diese wunderbaren, dunklen Augen. Dieser kluge Blick, der alles wusste. Diese Seele, die aus jenen Augen sprach. Das einzige, was seinen wilden Brand beruhigen konnte, die Flamme, die ihn verzehrte, die zwei irren Skorpione, die ihm auf ihren flinken Füßen durch die Venen krochen, um irgendwo in seinem Körper ihr Liebesspiel abhalten zu können, nach dem das Weibchen das Männchen stets verschlang, und es dann doch erneut gebar, als seinen eigenen Sohn. Immer, wenn Rasputin diese zwei Skorpione spürte, war es aus mit seiner Heiligkeit und seiner ungetrübten Gottesnähe, die er sich auf ungezählten Pilgerfahrten erworben hatte, durch die Versenkung in unzähligen Klöstern, durch Fasten, Einreibungen und Waschungen, durch intensives Studium der heiligen Schrift, die weißen, kühlen Mauern der griechischen Klöster und den blauen Himmel über der Ägäis. Er spürte dann Alexander den

Großen. Das Trampeln der Soldatenstiefel. Das Heer, das ihm bedingungslos folgte. Den Rausch, in kürzester Zeit die ganze Welt zu erobern. Und die sündige Liebe Alexanders zu Hephaistion. Und dann war er auch David. Und Hephaistion war Jonathan. Und Davids Psalmen verbrannten in der Liebe zu Sauls schönem Sohn und konnten Saul nicht mehr besänftigen. Und sie beide wurden zu Absalom und verfingen sich mit ihren langen Haaren im Baumgeäst. Und der Speer des Feindes traf Absalom von hinten. Und der Stahl seiner Spitze wurde manchmal noch vom Wasser von Rasputins Tränen und dem Balsam seiner Liebe zu Holz verwandelt, das er immer kleiner werden lassen konnte, bis es nur noch ein winziger Splitter war. Und dann überlebte Absalom. Manchmal aber gelang es nicht. Dann raste das Feuer des alexandrischen Krieges durch Rasputins Blut. Dann war ihm Krieg, Schlacht und Vergeltung wichtiger als Liebe, Trost und Heilung. Dann war er der Feind, der Absalom vom Baum abnahm, ihm begütigend sagte: „Du bist gerettet!", und ihm dann mit seinem Krummsäbel den Kopf abschlug. Und dann spürte Rasputin die Skorpione. Wie sie in seinen Venen umherrannten und sich jagten. Je nachdem, wo in seinem Körper sie ihre Hochzeit abhielten, fiel sein ihn dann befallender Veitstanz mehr oder weniger glimpflich aus. Befremdlich war es trotzdem immer für alle anderen. Aber wenn die Skorpione es schafften, ihre Vereinigung in seinem Kopf unter seinem Kranium abzuhalten, war alles zu spät. Dann kam der epileptische Anfall. Und die anderen Mönche fanden Rasputin zuckend und wimmernd auf dem Boden der Klosterzelle liegend vor. Er brauchte dann immer tagelange Bettruhe, zugezogene Vorhänge und Stille. In dieser Zeit konnte und durfte auch niemand Rasputin aus den Psalmen vorlesen, etwas, was ihn sonst immer wieder ins seelische Gleichgewicht brachte. Tat man es jedoch in der Zeit nach einem solchen Anfall, verzog sich Rasputins Gesicht zu einer gequälten Grimasse und er hielt beide Hände schützend an seinem Kopf und greinte wie ein geschlagener Säugling.

Anastasia stand bei dem Geländer der großen Freitreppe und sah träumend ins Festgeschehen. Es war etwas Schönes, das kommen würde, das wusste sie. Aber anders als alle anderen bei Hofe fasste sie es nicht in Worte, stellte keine Vermutungen an, enthielt sich jeden Urteils. Nicht nur, weil sie so jung war. Sondern weil sie nach der Heilung ihres Bruder Alexei verwandelt war. Sie wusste etwas, was kein anderer wusste. Dass es keinen Tod gab. Und manchmal fragte sie sich, warum nicht mal Rasputin das zu wissen schien, und dann wurde sie traurig. So unendlich traurig, dass sie schreien hätte können vor Verzweiflung. Das war eine Traurigkeit, tiefer als die Welt, von der manch anderer Europäer sagte, dies sei die russische Seele. Doch Anastasia wusste: es war mehr. Es war jenseits aller Worte. Es war das Geheimnis des Lebens. Plötzlich stand Rasputin vor ihr. Schwankend. Anastasia wollte nicht wissen, wie viele Wodka und Tokayer er an diesem Abend schon getrunken haben mochte. Aber er war ganz ruhig. Seine Augen waren nur unendlich traurig. „Du bist die Auferstehung und das Leben!", murmelte er mit schwerer Zunge. Anastasia sah ihn an. „Du bist Sulamith!", sagte Rasputin. Anastasia sah ihn an. „Du bist die Braut des Lammes!". Anastasia zuckte vor Schreck zusammen. So urplötzlich war der Irrsinn noch nie über Rasputin gekommen. Er hatte es geschrien. Oder eigentlich mehr gekreischt. Mit einer hellen, sich überschlagenden Stimme wie die einer Baba Jaga. Wie Blitze zuckte das schweflig-gelbe Feuer aus seinen Augen. Und Anastasia spürte, wie diese Flamme in ihr Herz zuckte und sie auflodern ließ wie einen brennenden Dornbusch. Innerhalb von Sekunden spürte sie ihre Kindheit einschmelzen und sich selber aufblühen in die Frauschaft, spürte, wie sie schöner und schöner wurde, und wie all ihre Hoheit und Majestät ihr plötzlich zur Verfügung stand, die vorher allenfalls als Keimanlage in ihr geschlummert hatte. Und in diese Hoheit nahm sie den taumelnden Rasputin wie in einen Mantel, und ein Pfahl ging von ihr aus und durchbohrte ihn, zerfetzte und zerfledderte ihn, dass nur noch sein zerschlissenes Obergewand übrig blieb und in Fetzen über die

Tanzfläche wehte. Und er war jener Eine und ihre dunklen Augen durchdrangen sich, und sie stürzten in eine Nacht so tief wie der Abgrund bei den Bergen Gileads, ihre Seelen tranken Würzwein, ihre Münder labten sich am Traubenkuchen, und Oleander, Hennasträuche und Granatäpfelbäume beschirmten das Lager ihrer Lust. Anastasia fiel hintenüber und der betrunkene Rasputin strauchelte und stürzte lallend wie ein Mehlsack über sie. Zar Nikolaus, der oben an der Freitreppe stand, sah es aus den Augenwinkeln und schüttelte missbilligend seinen Kopf.

Draußen fiel ein Schuss. Pjotr und Andrei zuckten zusammen und waren schlagartig wieder in der Realität. „Geh mal nach ihnen schauen.", sagte Pjotr. Sein dünner Schnurrbart bebte. „Du glaubst nicht wirklich, dass er schneller sein kann, als er selbst, oder?", fragte Andrei. „Ach, was weiß ich.", seufzte Pjortr und sah Andrei mit leidenden Augen an. „Man hätte Rasputin nicht töten dürfen. Verbannen ja. Aber nicht töten." Andrei sah seinen Vorgesetzten mitleidig an. Auch er war jener merkwürdig hypnotischen Wirkung Rasputins erlegen. Und diese schien selbst nach seinem Tod noch die Gehirne derer zu verwirren, die ihn gekannt hatten.

Andrei ging die paar Stufen zu dem Gelass hinunter, in dem man die Romanovs versteckt hatte. Er gab das verabredete Klopfzeichen. „Andrei?" hörte er die heisere Stimme von Nikolaus von drinnen fragen. „Ja.", bestätigte dieser. „Seid ihr da drinnen wohlauf?" „Ja", sagte Nikolaus. „Aber allmählich wird es uns hier zu eng. Glaubt ihr wirklich, dass heute Nacht ein Angriff bevorsteht? Wir würden so gerne wieder einmal nach oben und uns ein bisschen bewegen." „Ich persönlich glaube gar nichts.", sagte Andrei. „Es ist Hauptmann Pjotr, der dieser Meinung ist. Ich für meinen Teil bin der Ansicht, Russland hätte seinen Hang zum Übersinnlichen und zu schwammigen Ahnungen längst irgendwo in der sibirischen Tundra beerdigen sollen." „Ja, ich weiß." Nikolaus Stimme

klang niedergeschmettert und voller Reue. „Machen sie doch
mal die Tür auf, Andrei. Ich möchte unbedingt mal wieder ihr
Gesicht sehen. Es gibt mir Trost." Andrei entriegelte die Tür.
Dicht gedrängt standen die Romanovs in dem dunklen Raum.
Anastasia und Maria schluchzten. Der ehemalige Zar Nikolaus
sah mit seinem mittlerweile völlig verwilderten Bart aus wie ein
Räuber aus den Wäldern. Auf seiner Stirn stand der Schweiß.
„Die Nacht ist bald um.", sagte Andrei. „Wenn bis zum
Morgengrauen nichts geschieht, könnt ihr wieder nach oben."
Andrei schloss die Tür und schob den Riegel wieder vor. Dann
ging er nach oben. Gerade als er die Laterne, die er zum
Leuchten auf der Kellertreppe mitgehabt hatte, auf dem Tisch
abstellen wollte, sah er es. Und sein Herz blieb beinahe stehen
vor Schreck. Auf dem Fußboden lag Pjotr. Tot. Mit kalkweißem
Gesicht, von sich gestreckten Gliedmaßen und voller Angst
aufgerissenen, starren Augen.

Es war schneller gegangen, als man einen Gedanken fassen
konnte. Plötzlich war Licht im Raum. Geblendet zuckten die
Romanovs zusammen. An die Tür gelehnt stand ein Mann mit
wirren, langen Haaren, einem verfilzten Bart und brennenden
Augen. Es war Rasputin. In seiner Hand hielt er die Pistole von
Hauptmann Pjotr. Starr ging sein Blick in die angstvoll
aufgerissenen Augen von Nikolaus. „Du hast dein Zarentum
verspielt, Shimon.", sagte Rasputin mit ausdrucksloser Stimme.
„Europa taumelt in den Abgrund wegen dir. Was hast du dazu
zu sagen?" „Liebst du mich denn gar nicht mehr, Herr?",
stammelte Nikolaus erstickt. Über Rasputins Gesicht huschte
ein Lächeln. „Weißt du nicht mehr, was ich dir in der letzten
Nacht im Bernsteinzimmer gesagt habe? Man darf mich nicht
töten. Wenn man das tut, erachte ich alles nur noch für ein
Spiel, und dann spiele ich eben auch. Zum Beispiel russisch
Roulett. Und tanzen kann ich dann noch schneller. Nur dass es
dann eleganter ist, als zu meinen Lebzeiten. Und, wie ich dir
schon sagte, ich kann dann auch schneller tanzen als ich selbst.
Das gilt für alles andere auch. Natürlich auch für das Schießen."

Nikolaus sah seinen alten Freund aus angstgeweiteten Augen an. „Willst du nicht die drei Fragen stellen?". Rasputins Mundwinkel zuckte verächtlich. „Du bist ja immer noch so ein schleimiger Feigling, Peterchen. Ich glaube, du musst heute mal auf Mondfahrt gehen." „Nein, bitte nicht!" schrie Nikolaus und bekam einen Tremor, der sich von seinen Händen aus über seinen ganzen Körper ausbreitete, bis er nur noch ein zitterndes Etwas war. „Na", fragte Rasputin, „spürst du die Skorpione?" „Ich habe Angst.", sagte Nikolaus und in seine Augen traten Tränen. Rasputin seufzte. „Es ist alles deiner Tochter zu verdanken, dass die Sache immer wieder glimpflich abgeht.", sagte er. „Sie hat ein gütiges Herz." Anastasia verkroch sich, ebenfalls zitternd, unter dem Kleid ihrer Mutter. „Was willst du? Wie willst du es haben?", fragte Nikolaus. Rasputin räusperte sich. „Du bekommst heute mal drei andere Fragen. Und wenn du sie nicht beantworten kannst, werde ich auf dich schießen. Das ganze Magazin dieser Pistole ist voll. Du musst meinen Kugeln so schnell ausweichen können, wie ich im Leben tanzen konnte. Denn dann kannst du auch tanzen wie ein Blitz und wirst jeder Gewalt, die von oben oder unten kommt, ausweichen können. Wenn ich dich aber nur einmal treffe, erschieße ich dich und deine gesamte Familie." Nikolaus atmete schwer aus. Er wusste, dass es unmöglich war, Rasputin umzustimmen. Er wagte nur einen kleinen Einwand. „Hier unten ist es doch viel zu eng." „Ja.", sagte Rasputin. „Wie in einem Walfischbauch."

Nikolaus machte seinen Rücken gerade und sah Rasputin in die Augen. Seine Familienangehörigen versuchten, hinter seinem Rücken Schutz zu suchen. „Gut.", sagte Rasputin. „Dann mal los. Nikolaus. Was kann ein Wal auf keinen Fall durch seine Speiseröhre bekommen?" Nikolaus lachte erleichtert. Rasputin schien ihn davonkommen lassen zu wollen. „Einen Menschen!" sagte er und sah seinen alten Freund aus beinahe schon glücklichen Augen an. „Richtig.", entgegnete Rasputin nüchtern. „Weide meine Lämmer." „Zweite Frage. Was brennt als Lampenöl auf Schiffen auch bei starken Stürmen und heftigem Seegang am Längsten und ist aus Waltalg gemacht?" Nikolaus lachte lauthals auf. Das konnte doch jetzt nicht Rasputins Ernst sein. Es war offenbar wirklich nur noch alles ein Scherz. Die Fragen im Bernsteinzimmer waren teilweise so schwer gewesen, dass nicht einmal der studierteste Mensch der ganzen Welt sie hätte beantworten können. Man hätte schon die gesamte Bibliothek von Alexandria auswendig kennen müssen. Nikolaus sah Rasputin in die Augen und seine Stimme bebte vor unterdrücktem Lachen. „Lebertran!" rief er triumphierend. Rasputins Gesicht verzog sich zu einem schiefen Lächeln. „Weide meine Lämmer." sagte er. Umständlich wischte er die Pistole an seinem Gehrock ab und rieb sie blank. „So, Nikolaus. Und hier kommt meine dritte Frage. Wie kann ein Mensch geboren werden, wenn er vorher nicht in der Mutter war?" Nikolaus zitterte. Diese Frage war ein direktes Schriftzitat. Entweder Rasputin erwartete, dass er im genauen Wortlaut antwortete, oder sich etwas total originelles, Eigenes dazu ausdachte. Die Bedingung war nur, dass es wahr und geisterfüllt war. Nikolaus stockte. Eisige Bäche der Angst liefen ihm über die Schulter. Er stammelte. „Ein Mensch kann im Leben von Neuem geboren werden durch Geist und Wasser." Rasputin lachte schallend. „Oh, Nikolaus. Nummer sicher. Wie enttäuschend! Bist du Peter oder Paul?" „Lauft!", schrie Nikolaus zu seiner Familie gewandt. „Versucht an ihm vorbei zu kommen, und die Tür zu öffnen. Ihr könnt es schaffen. Nur tut es jetzt!" Aber alle verharrten stumm und mit vor Schrecken geweiteten Augen. Rasputins Augen wurden zu tartarischen Schlitzen. Er sah jetzt aus wie Dschingis Khan, der mongolische Feldherr. Seine Stimme war ein gepresstes, irres Kreischen. „Lern texanisch tanzen, du Kosake! Amerika wird die nächste Weltmacht. Du musst mit blauen Bohnen umgehen lernen, sonst mache ich dich zu Chili con Carne!" „Nein!", schrie Nikolaus. Und dann geschah das Unglaubliche. Rasputin begann, um Nikolaus und seine Familie herumzutanzen und schoss gleichzeitig immer wieder. Er tanzte schneller als er selbst. Mal war er hinter den Romanovs, mal vor ihnen, mal über ihnen, mal unter ihnen. Und alle hatten auch das Gefühl, dass er durch sie hindurch tanzte. Und immer wieder schoss er. Die Schüsse kamen gleichzeitig aus allen Richtungen. So, als wäre dies ein ganzes Erschießungskommando, und als kämen die Schüsse aus deutlich mehr als aus einer Waffe. Minutenlang ging das so. Und dann stand Rasputin wieder vor Nikolaus und sah ihn an. Der ehemalige Zar fühlte an seinem Körper abwärts. Er war gänzlich unverwundet. Aber seine Familie lag von tausenden Kugeln durchsiebt in ihrem Blut auf dem Kellerboden. „Weide meine Lämmer!" kreischte Rasputin mit einer Stimme wie ein pfeifender Sirenenton. „Du Ungeheuer!", schrie Nikolaus entsetzt. „Eine Kreuzigung ist kein Spaziergang, Nikodemus-Kaiphas. Und deine eine Gegenstimme hat mir damals nichts genützt. Aber du solltest der Kugel ausweichen können. So, wie du jetzt tanzen kannst." Mit unglaublicher Langsamkeit richtete Rasputin die Waffe auf Nikolaus. Nikolaus wusste, dass das ein Test war. Aber er konnte nicht mehr widerstehen. „Du bist nichts weiter als ein dreckiger, versoffener Mönch mit epileptischen Anfällen!" schrie er. „Woher soll ich wissen, ob du mir nicht all die Jahre lang immer nur totalen Blödsinn erzählt hast! Und schau, was du mit meiner Familie gemacht hast!" Nikolaus wankte einen Schritt auf Rasputin zu und griff nach seiner Waffe. Rasputin wischte diesen Angriff mit einer lässigen Handbewegung weg und sagte mit tonloser Stimme: „Das ist alles schön und gut, Nikolaus. Aber du vergisst eines. Ich bin tot. Du hast mich ermorden lassen. Feige hast du mir irgendwelche Schergen geschickt, sodass ich denken sollte, es handle sich nur um irgendeinen Händel und sei nichts als Zufall. Was für ein brutaler Mord, Brutus. Oder soll ich dich gleich Kain nennen?" Nikolaus erstarrte. Alle Farbe war aus seinem Gesicht gewichen. „Weide meine Lämmer!!!" Rasputins Stimme war wie ein Donner. Dann schoss er. Er schoss Zar Nikolaus mitten ins Herz, und wie eine gefällte Eiche stürzte er zu Boden.

Andrei sah herunter auf das Gemetzel. Die gesamte Zarenfamilie war tot. Und man konnte das unmöglich den Bolschewiki in die Schuhe schieben. Irgendeiner der Revolutionsführer musste sich etwas ausdenken, um dieses Blutbad plausibel zu begründen. Da sah Andrei plötzlich, dass sich unter diesem Haufen aus toten Menschenleibern etwas bewegte. Es war eines der Mädchen. Andrei klopfte das Herz bis zum Hals. Mutig griff er zu und holte das kleine Geschöpf unter den Leichen hervor. Es war Anastasia. „Anastasia!", rief Andrei unter Tränen. „Meine Fürstin! Meine Herrin! Meines Fußes Leuchte! Du lebst!" „Ich lebe." sagte sie. „Und du sollst auch leben." Andrei wusste nicht, wie ihm geschah. Er hob Anastasia hoch und vollführte ein paar ungeschickte Schritte eines überschwänglichen Freudentanzes. Dann küsst er die Zarentochter auf die Stirne, setzte sie wieder auf den Boden, stieß die Tür auf und rief: „Lauf, Anastasia! Du wirst es schaffen!" Und das kleine Wesen lief, ohne sich noch einmal umzusehen, die Treppe des finsteren Gelasses hoch, und aus dem Gutshaus nach draußen, wo eine dünne Decke Neuschnee lag. Anastasia atmete auf und sah zum dunklen Himmel hoch. Zarte, kleine Schneeflocken fielen herab und benetzten Anastasias Gesicht und Hände. In ihr war eine große Ruhe und Dankbarkeit.

Wladimir Iljitsch Uljanov, dem die von ihm angeführten Revolutionäre den Namen Lenin gegeben hatten, weil er an den sibirischen Fluss Lena verbannt worden war – Lenin bedeutet „Der zur Lena gehörige"- war zutiefst beunruhigt. Man hatte die Zarenfamilie getötet. Das war nicht der Plan gewesen, und ganz und gar nicht in seinem Sinne. Irgendjemand musste eigenmächtig gehandelt haben. Lenin hatte sich sofort in einen Zug gesetzt und war nach Jekaterinburg gefahren, wo die Romanovs untergebracht worden waren. Die Revolution durfte deswegen nicht fehlschlagen! Es ging um alles. Es ging um das Wohl des russischen Volkes, um die Abschaffung der

Zweiklassengesellschaft, und letztendlich um die Einheit aller Menschen in der Internationale als gleichberechtigte Brüder und Schwestern. Es war zum Greifen nah. Lenin ruckelte sich in seinem Sitz der ersten Klasse zurecht und öffnete seinen Rucksack. Darin war ein gerahmtes Bildchen, das er nun hervorholte. Eine winzige Ikone. Keiner aus seiner kommunistischen Liga durfte das wissen. Aber ohne die Mutter Gottes würde er nie irgendwohin gehen. Zumindest nicht zu wichtigen oder schwierigen Anlässen. Zärtlich streichelte er über das Bild. „Lena.", murmelte er. „Mein herzallerliebstes Lenchen, mein Sonnenschein!" Sinnend blickte er auf Marias goldene Aureole, ihren umhüllenden, blauen Mantel und ihre strengen, nach russisch-orthodoxer Art gemalten, aber wunderschönen, ruhigen und kraftspendenden Augen. Sie waren wie ein Quell, der in ihm zu einem Fluss wurde, auf dessen schäumendem Wasser die Sonne munter sprenkelte. Maria, Magdalena, Helena, Lena. Namen für die Sonne. Und er war Lenin. Ewig ihrer. In seinen Augen brannte eine ruhige Flamme.

*